AF406416

هَـذِه قِصَّـة أُمِّـي الحَكَواتِيـة سَـما، وأَنَـا مَايَـا الحَكَواتِيـة الصَّغِيـرَة، قرأْتُها عَلَيكُـم لأصِيـرَ أَضْعافًا مُضاعَفَـةً، فأنَا الآنَ مَوْجُودَةٌ في كُلِّ واحِدٍ مِنْكُم. اعْتَنُوا بِي جَيِّدًا.

لَكِنْ إِنْ قَرَأْتُمُوهُ لِشَخْصٍ آخَرَ، فَسَتَحْصُلونَ على مُفاجَأةٍ أَكْبَرَ بِكَثيرٍ.

جَرِّبوا ذلِكَ الآنَ.

إذًا، تَعَالَوْا مَعِي فِي مُغَامَرَةٍ أَيْنَما كُنْتُمْ، هَـذَا الكِتـابُ سَـيَطِيرُ بِكُـمْ إِنْ أَنْتُـمْ صَفَّقْتُـمْ.

واحِدٌ...اثْنانِ...ثَلاثَةٌ

وَحِيـنَ أَقْـرَأُ قِصـّةَ "عائِلَـةِ الفِئْـرانِ السَّـعيدَةِ"، أَشْـعُرُ بِدِفْءٍ يُذْهِبُ بَرْدَ الشِّتاءِ القارِسِ، وَالجَوارِبِ المُبتَلّةِ. هَل عِشْتُم مَرَّةً في قِصّةٍ وَنَسيتُمْ بَعْدَها أَيْنَ أَنْتُم؟

وَأَنـا الآنَ مِثـلُ أمـي، حيــنَ أَقْــرأُ كِتـاب (السَّيـَّارَة الأُرْجوانِيـَّة الطَّائِـرة)، أَنْطلِقُ فَوْقَ سَماءِ المُخَيـَّم، وَأَصِلُ إلى أَراضٍ خَضْـراءَ مَليئَـةٍ بِالشَّـجَرِ مُتَـدَرِّج الأَلْـوان.

مَامَا تَقُولُ: "داخِلَ القِصَصِ تَسْكُنُ شَخْصِيَّاتٌ مِثْلُنَا، يَحْزَنُونَ وَيَتْعَبُونَ، وَيَفْرَحُونَ وَيَتَغَيَّرُونَ. كُلَّمَا قَرَأْتُ قِصَّةً، شَعَرْتُ أَنَّنِي لَسْتُ وَحْدِي، الكَثِيرُونَ يُشْبِهُونَنِي، وَكُلُّ مَكانٍ وَطَنِي، رَضِيتُ بِالقَلِيلِ، وَفَرِحْتُ بِالكَثِيرِ، لا يَهُمُّ كَيْفَ وَلِمَاذا وَأَيْنَ، المُهِمُّ مَعَ مَنْ، وَلِمَنْ، وَلِأَجْلِ مَاذا؟".

"مَامَـا، هَـلِ القِصـصُ طَائِـرَاتٌ نَفَّاثَـة؟ هَـلْ لِلقِصَصِ أَجنِحَةٌ؟ هَلِ القِصَصُ سَيَّارَاتُ أُجرَةٍ؟"

الجَميعُ يَقولُ "زهقانينَ"، بَينما هِيَ تُحلِّقُ مِن مَدينَةٍ لأُخْرى، وَتَصطحِبُنا مَعها، تَقفِزُ بَيْنَ الكَواكِبِ، وأَحيانًا تَصِلُ إلى أَبْعَدِ نُقْطةٍ في الكَوْنِ بالرَّغْمِ مِنْ أَنَّها لا تَتَحرَّكُ مِنَ البَيْتِ. هَلْ جَرَّبتُمُ السِّباحةَ داخِلَ غَيْمَةٍ فَوْقَ غابةٍ اسْتِوائِيَّةٍ؟ نَحْنُ فَعلْنا.

قَـرَأَتْ مَامَـا كُلَّ القِصـَص المَوْجـُودَة فـي الحَقيبـَة، وحيـنَ أَنهتْهـا كُلَّها، فتشَّـتْ عـن المَزيـد مِـنَ الكُتـب فـي أَماكـنَ أُخْـرى. أَيَنَ تجـدُونَ كُتبَكُم الجديدَةَ؟

فتحَتْ مامَا الحقيبة، وبدأَتْ تقرأُ القصص
لـي و للآخريـن، وهـذا جعلهـا سعيـدة جـدًا،
لَقَـدْ أَصبحَتْ أسْعد أُمّ في المُخَيَّم.

لَكِنَّ مَامَا تَغَيَّرَتْ حِيـنَ زَارَتْنَـا سَفِيرَةُ القِرَاءِةِ الخَالَةُ رَنَا،
فَقَـدْ أَرْشَـدَتْ مَامَـا كَيْـفَ تَجْمَـعُ الأَطْفَـالَ فِي مَكَانٍ آمِـنٍ
مِثلِ البَيْتِ، أَوْ تَحْتَ شَجَرةٍ لِتَقرَأَ لَهُمُ القِصَصَ كُلَّ أُسْبُوعٍ،
ثُمَّ أَهْدَتْهَا حَقِيبَـةً مَلِيئَـةً بِالقِصَـصِ.

أُمّي لَمْ تَكُنْ دائِمًا مَعْرُوفَةً، لَقَدْ كَانَتْ في الماضي شَخْصًا لا مَرْئِيًّا. لَيْسَ لَها اسمٌ، ولا يُسمَعُ لَها صَوتٌ، ويُمْكِنُ أَنْ تَمشِيَ حَولَها عِدَّة أَيّامٍ دُونَ أَنْ تَنْتَبِهَ إلى أَنَّها مَوجُودَةٌ.

هَلْ تَشعُرونَ بِذَلِك أَحيانًا، لا أَحد يَراكُمْ؟

لا أَحَد يَعْرِفُ كَيفَ تَشعُرونَ؟

لا أَحَدَ يَسمَعُ مَاذا تَقُولُونَ؟

أُمّي اسْمُها سَما، وكَثيـرُونَ يُسـمُّونَها الحَكواتيّة، إِنّها مَعْروفة لِدَرجَة أَنّها أَشهَر مِنْ مُذيعَـة الأَخْبار الشَّهيرَة فـي التّلفاز. كَيْفَ أَصْبحُ مَعْروفَةً مِثْل أُمّي؟

نحب القراءة
We Love Reading

يَجْتَمِعُ الأَطْفالُ حَوْلَها مُسْرِعينَ، يَتَناثَرونَ فَوقَ الصُّخورِ؛ منصتينَ لِقِصَّتِها الجَديدَةِ. وَهِيَ دائِمًا تَمْلِكُ قِصَّةً جَديدَةً حَتَّى وَهِيَ تُعيدُ عَلَيْنا نَفْسَ القِصَّةِ.

أمّا حيـنَ تَحمِـلُ حَقيبَتَها المَليئَـة بالمُفاجَـآتِ، وتجْمَـعُ الأَطفـالَ في السّـاحَةِ لِتقْرَأَ لهُـم قِصَّـة، فعِنْدَها تُصبِـحُ مامـا فراشـةً خَفيفَـةً، وأحيانـًا عِمْلاقـةً سَعيدَة.

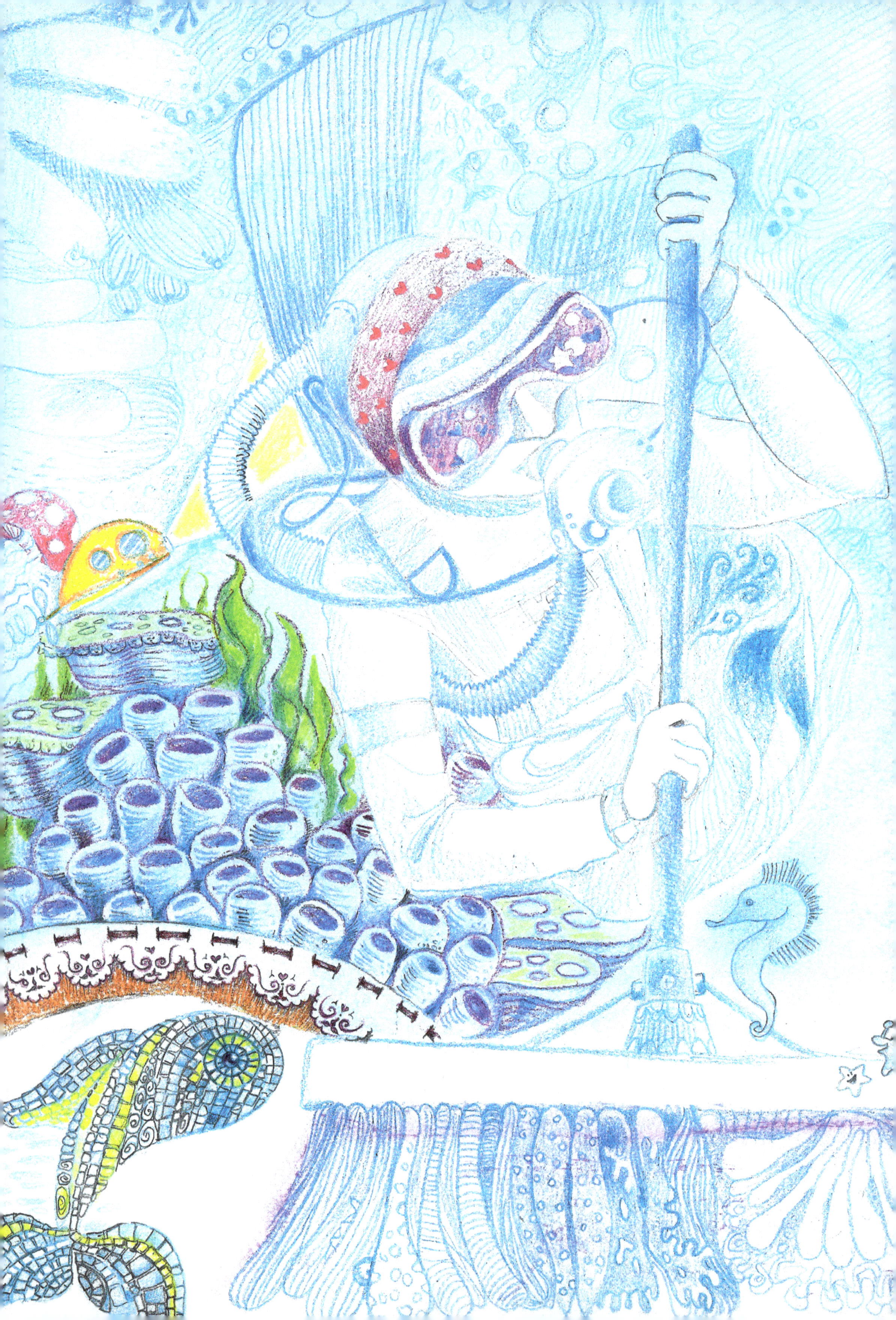

أَنْظُرُ إِلَيْها وهِيَ تُنَظِّفُ خَيْمَتَنا مِنَ الأَتْرِبَةِ،
فَتَكُونُ عِمْلاقَةَ المَكانِسِ، ونَفْضِ الأَغْطِيَةِ.
وحِينَ تَسْبَحُ في مِياهِ الشِّتاءِ حَوْلَ خَيْمَتِنا، تَكُونُ
سَمَكَةً رَشِيقَةً، لا تَخْشى الغَوْصَ والمُغامَرَةَ.

هَلْ تَخْتَلِفُ أُمَّهاتُكُمْ خِلالَ النَّهارِ، مِثلَ أُمِّي؟

تَبْدو أُمِّي كُلَّ ساعةٍ بِهَيْئةٍ

مَرَّةً مارِدًا عِمْلاقا

وَمَرَّةً عُصْفورَةً صَغيرةً

وَمَرَّةً سَمَكَةً، وأَحيانًا فَراشةً بَينَ الزَّنابِقِ.

نحـن نحـب القـراءة
WE LOVE READING

مؤسسة القلب الكبير
The Big Heart Foundation

مَامَا الحَكَوَاتِيَّة

تأليف
مايا أبو الحيات

AUSTIN MACAULEY PUBLISHERS™

LONDON • CAMBRIDGE • NEW YORK • SHARJAH

هذه القصة مقتبَسة عن حياة أسماء الراشد، وهي شابَّة سورية تعيش مع زوجها وأطفالها في مخيَّم الزعتري - الأردن.

وكمعظم اللاجئين السوريِّين عانت أسماء وعائلتها مِن ظلمات الحرب والتهجير، لكنَّها رأت فرصة في كلِّ محنة، وحلًّا في كلِّ مشكلة، ولَم تستسلم لظروف العيش الصعبة.

لقد كان التحاق أسماء بتدريب "نحن نحبُّ القراءة" الذي عُقِد في مخيَّم الزعتري عام 2014 نقطة التحوُّل في حياتها، فقد بدأَت بعده بعَقد جلسات القراءة بصوت عالٍ لأطفال المخيَّم، ثمَّ بدأَت ببناء مبادراتها الخاصَّة بقراءة الكتب والتنمية الذاتية للفتيات المراهقات حتَّى أصبحَت رائدة مجتمعية ملهِمة لمَن حولها بقدرتهم على التغيير.

مَامَا الحَكَوَاتِيَّة
رسوم
إشراق عثمان
تأليف
مايا أبو الحيات